당신이 살아 있어서
저의 존재가 눈부십니다

발견시선 047

당신이 살아 있어서
저의 존재가 눈부십니다

황성주

시인의 말

나는 시를 좋아하고 숲을 좋아한다.
그러나 내가 가장 좋아하는 마음은
시를 내려놓고도 있고, 꽃에게서 떨어져
앉을 줄도 아는 순간이다. 내게는 어느 물살에
가만히 얹혀가는 그런 시간들이 있다.
그리고 눈길을 뗄 수 없는 '당신'이 있다.

2024년 7월
황성주

차례

5 시인의 말

1부 / 진리의 옷자락이라도 붙잡고

12 대관령 폭설
14 겨울 경포호
18 크라코프의 겨울
20 발트해 풍경
24 비같이 내리는 눈
26 고백

2부 / 혹시 오늘

30　콜로라도에서 쓴 시편
38　하늘빛
42　청태산 휴양림
46　콜로라도의 사계절
50　세례

3부 / 시간의 끝에 흰 눈이 온다

54 하얀 세상
58 화이트 크리스마스
62 위대한 역설
64 바로 당신
66 참회록
68 아이야

4부 / 별빛 공동체

72 해밀리 인생 학교
76 잠언
78 콜로라도 대설
82 참회
86 돌아가는 날
88 별빛 공동체
92 그 이름

해설
96 시를 좋아하고 숲을 사랑하였다 —최서진

1부

진리의 옷자락이라도 붙잡고

대관령 폭설

눈의 고장에서
폭설의 기차가 하얗게 달린다
기관차의 화통에서도
눈보라가 흩날린다

여기저기
무게의 방정식을 풀지 못해
소나무의 신음소리까지 들린다

인생의 경륜이 피어
무지개 빛처럼 펼쳐지고
삶은 눈 속에서 파랗게 살아간다
모짜르트의 클라리넷 연주곡이
흐르는 날

현실은 묻히고
묵은 꿈과 옛사랑이

숨바꼭질하며
번갈아 얼굴을 내민다

모든 것이 숨어버린
이런 날은
진리의 옷자락이라도 붙잡고
정체성을 확인하고 싶은 충동이
수심 위로 솟는다

꿈속에서도 못 본 설경
보다 브다
이런 눈은 처음이다

겨울 경포호

실안개 사이로
어둠이 짙어지는 저녁 무렵
푸른 솔밭 싸락눈이
뽀드득 뽀드득
소리 내며 살포시 다가온다

빙상 아레나에서
우승의 축포를
쏘아 올리는 사이
강변에 도열한
갈대 사이로 새가 떠오르고
생수가 터지듯
기쁨을 선물한다

난설헌과 사임당
두 소녀가 걸었던
하얀 하늘길

나그네 두 사람이
흘러간 시간을 배우며
고상하게
걷는 폼이
예사롭지 않다

아득한 겨울 바다와
빛나는 겨울 호수가
비켜가는
애처러움에
침묵은 가로등 아래 돌덩이처럼
깔리는 중이다

이윽고
섬광처럼 번득이는
말씀이 핵폭탄처럼 선포된다

"이는 만물이 주에게서 나오고 주로 말미암고 주에게로 돌아감이라 영광이 그에게 세세에 있으리로다"

바로 오늘
윤택한
시간의 곱디 고운 속살이
사랑스러워
고맙습니다

크라코프의 겨울

폴란드의 가슴에 와서
그분의 심장소리를 듣는다

한 인간 생명의 무한한 가치
한 인격의 무한한 감화력
작은 자에게 주는 냉수 한 그릇에 대한
상급의 확실성

세 가지의 담론이 수렴되는 인물
크라코프의 군수 공장
그 앞에 당당히 선
난세의 영웅
쉰들러가 품은 유대인의 목숨
따뜻한 일천이백 영혼을 생각한다

한 생명을 구함은 온 천하를 구함이로다

아우슈비츠로 가는
노란 기차엔 아직도
무수한 영혼이 짐짝처럼 실려 있다

그래서 쉰들러의 처절한 절규가
빨강 불꽃
사랑의 흔적처럼
지금도 유효하다

"충분하지 못했어. 좀 더 구할 수 있었을 거야. 한 생명이라도 더 구할 수 있었는데 구하지 못했어. 내가 안 구한 거야."

발트해 풍경

앗
평생 처음 보는 현상
바다 전체가 얼어붙어
새로운 세계의 문을 연다

크라코프에서
헬싱키 가는 길
인류의 염원처럼
푸른 바다와 푸른 하늘이 섞이고
찬 빙하와 흰 구름이 얽혀 있다

꿈의 지평선을 향하여
비행기의 내려 앉는 속도만큼
기온도 급강하한다

빛나는 구름 속을 통과하니
칼바람 처음

뼈속 깊이 다가온
은빛 세상
거대한 설국이다

땅도
바다도
하늘도
얼어붙은 광대한 풍광에
하얗게 질린 공항도
이채롭다

발트해의 얼음을 깨는
쇄빙선의 흔적이
그분이 흘리신 보혈만큼
선명하다

핀란드 속을 거니는

겨울 동화
예쁜 엽서의 추억이
일품이다

이윽고 일렁이는
사랑의 왕국이
안겨든다

비같이 내리는 눈

눈 오는 날 저녁
콜로라도의 숨겨진 이층집에서 본
사각형의 색다른 세계
밖에는 침묵이
안에는 기도가 흐른다

네모난 세계로
눈이 내린다
우드랜드 전나무 숲에
소낙비처럼 쏟아진다

비같이 내리는 눈
폭포처럼 쏟아지는 은혜

뮬러 주립공원에는
은총의 파노라마
멀리 거대한 산맥이 있다

록키, 상그레데 크리스토, 파이크 피크……
그리고 예쁜 작은 산들이 있다

줄줄이 다가오는
장엄한 그림자를 넘고 넘어
그분이 온다

"나의 사랑하는 자의 목소리로구나 보라 그가 산에서 달리고 작은 산을 빨리 넘어오는구나" (아가 2 : 8)

고백

당신이 살아 있어서
저의 존재가 눈부십니다

당신이 치루신 처절한 댓가로
저의 생명이 빛나고 찬란합니다

당신이 삶 전체로 온전한 진리를
보여주시니
저의 세계가 날개를 달고
창공으로 높이
날아갑니다

2부

혹시 오늘

콜로라도에서 쓴 시편

1. 신 사랑초서

사랑 못할 사람을
깊이 사랑한 죄

죄명은 조건 없는 사랑
죄값은 십자가 천형

보혈의 은혜
대속의 은총
교환된 생과 사를 찬미한다

2. 바로 당신

기다리게 해서
감사합니다

기다림으로
자라납니다

모두가 그리워하고
또 기다립니다

무언가를
어쩌면 봄의 해빙을
가을 단풍의 수려함을
손꼽아 설날 같기를
누군가는 한가위의 송편을
기다립니다

새해, 생일, 결혼기념일,
입학, 졸업, 새 학기,
신문, 신간 서적, 새 논문,

어머니, 연인, 친구들,
버스, 지하철, 비행기….

늘 기다리며 인생을 보냈습니다

무언가
기다리다 지친 사람들
기다리고 또 기다리며
마냥 기다리는 사람들

그렇습니다
짝사랑입니다

그리워 배고프고
그리워 목마릅니다

바로 당신을

바르 당신의 존재를

오 그리스도 빛나는 얼굴이여
오 그리스도 찬란한 인격이여

3. 첫사랑

마침내 그날이 오고
전 존재가 새롭게 되어
거듭남을 경험하던 날

말이 필요 없는
눈부신 공감
존재를 뒤흔드는
빛나는 해후

살을 찢고 맘을 녹여
내 심장으로
깊숙히 들어오신 사랑

그 사랑을
그 피 같은 사랑의 실체를
목놓아 부르며
온 몸을 부들부들 떨며
기다리고 있었습니다

내 삶의 처절한 여정도
인류사의 참혹한 굴곡도

결국
당신을 기다리는
고뇌의 시간들이었습니다

그 간남의 감격에
우즈가 환호하고
나는 그저 흐느끼고 있었습니다

4. 혹시 내일

혹시 오늘
평형선이 마감되고
교차점으로 향하는 날

님이 오신다면
오늘
신부 단장을 시작하겠습니다

사랑 한 그루 심겠습니다
꿈에 등불 하나 켜겠습니다

믿음의 겨자씨 한 줌 뿌리겠습니다

하루 종일
이 고백을 하나씩 올려드리겠습니다

사랑합니다
감사합니다
송축합니다

사랑하면 닮아간다니
이 질그릇에
생명수로 채우소서

그 빛을 담게
그 사랑을 흘려보내게
그 기쁨을 마음껏 전하게

모든 상황에서
모든 만남에

순간 순간 신통한
족집게 은총을 허락해 주세요

하늘빛

언제부턴가
그녀는 온통 기쁨에 겨워
살았다

찬송만 나오면
예쁜 아가를 보면
덩실 덩실 춤을 췄다

때때로
취객을 보아도
고달픈 나그네를 만나도
부활의 춤을 췄다

금수강산에서도
세계 열방에서도
안가슴 가득한
님의 사랑을 끝없이 흘려보낸다

경이의 빛
경탄의 삶

수십 년을 지켜보며
맑고 깊은 샘을 들여다보니
거울 같은 물빛에

사랑에 목마른 세상을
기도로 품고
천사로 온
그녀의 얼굴이 비친다

어느 겨울날
새벽녘에 일어나 옷깃을 여미고
한 영혼이 우주에 던진
하늘빛의

엄청난 반향을 응시하고 있다

청태산 휴양림

한겨울에도 푸르디 푸른
청태산에
반나절 산행을 감행했다

눈이 가랑비처럼 서럽게
오는 날
살점을 찢듯
날선 칼날로 헤집고
시퍼런 추위가
포도송이 같은 폐포에 스며든다

그 현존의 한 복판에
너무나 아름다운
눈길이 펼쳐진다

눈부시고 찬란한 백색의 향연이
꿈처럼 신기루처럼

손짓을 한다

실제로 가보니
프로메테우스의 몸부림처럼
계속 미끄러지는
영혼의 가시밭길이다

두려움을 빼고
믿음을 더하니
그 길이
꽃길이다

내 힘을 빼고
철저히 항복하니
하늘문이 열린다

내 빛을 끄고

납작 엎드리고 또 엎드리니
하늘빛이 비춘다

내 뜻을 접고
죽고 또 죽으니
하늘꿈이 펼쳐진다

"마음이 온유한 자는 복이 있나니 저희가 땅을 기업으로 받을 것임이요" (마5:5)

콜로라도의 사계절

사슴과 더불어 사는
우드랜드 파크의
시간이 빛난다

아침 햇살처럼
새롭게 다시 새롭게
마구 피어나는 야생화

소낙비를 머금고
쑥쑥 자라나
불길처럼
들판을 뒤덮는 들풀

아름답게 익어가는
자작나무
향 짙은 소나무
곧은 선비 같은 전나무

하얀 눈으로
세상을 덮고도
또 내리는
백설의 향연

짧은 시간의 문턱을 넘으니
시력이 회복되고
시각이 열리고
시야가 맑아진다

나의 봄 인생도
꽃의 향기로 사랑의 편지처럼 쓰여질 수 있을까

나의 여름 인생도
들풀의 푸르름으로 엄마처럼 세상을 품을 수 있을까

나의 가을 인생도
이렇듯
빛나고 아름답고 숭고할 수 있을까

나의 겨울 인생도
이처럼
맑고 청아하고 순결할 수 있을까

세례

물에 푹 잠기는 것이다
다 내려놓는 것이다
그냥 맡기는 것이다

궁휼의 바다에
뛰어드는 것이다

내가 죽고
그가 사는 것이다
내 자리에
앉아 다스리는 것이다

사랑에 물드는 것이다
진리에 물드는 것이다
은혜에 물드는 것이다

천천히든

빠르든
어렵든
쉽든

단풍처럼
옷감처럼
유행처럼

사랑 자체이신
그분에게 물드는 것이다
한 고결한 인격에 깊이 물드는 것이다
그 찬란한 생에 끝없이 물들어 가는 것이다

예수 그리스도
예수 그리스도
예수 그리스도

3부

시간의 끝에 흰 눈이 온다

하얀 세상

흰머리 위에
흰 눈이 내린다

횡성 안흥마을에
눈보라가 이니
하늘에서 온 일곱 아이가
적설량을 두고 흥정을 한다

그들은
경이에 찬 눈망울을 굴리며
한나절 만에
겨울 왕국으로 바뀌는
변화의 절정을 목도한다

꿈꾸듯
비탈길을 가며
바람결에 날리는 눈발을 만끽한다

잠시 눈을 피한 예쁜 카페에서
하얀 세상을 본다

쌍화차의 잣과
안흥찐빵의 팥이
창밖의 눈과 조화를 이루며
따뜻한 풍미를 선사한다

그 맛보다 더 진한
보혈의 은혜가 실핏줄을 타고
뜨거운 사랑을 쏟아 붓는다

순식간에
죄의 그루터기를 없애고
소외의 강, 고독의 늪을 건너
어둠의 뿌리를 뽑아버리는

곱디고운 눈

쌓인 눈 위에
한 겹 한 겹 눈이 덧쌓이니
은혜 위에 은혜러라

함박눈이 오는 것은
모든 것을 다시 시작하라는 뜻이다

"너희의 죄가 주홍같을지라도 눈과 같이 희어질 것이요" (이사야 1:18)

화이트 크리스마스

횡성 둔내의 성탄절
시간의 끝에
흰 눈이 온다

흰 눈을 응시하는 눈
환대의 기쁨이 반짝인다

사랑이 내린다
눈물이 내린다
응답이, 하늘의 보석이 쏟아진다

오전 내내
산길을 따라
눈 풍년을 즐긴다

치열한 고뇌의 대기층을 뚫고
영혼의 질그릇에

사뿐히 내린 눈

함박눈도 아닌
싸리눈도 아닌
진눈깨비도 아닌

끝없이 겸손한 눈

잡힐 듯
잡히지 않는
날렵한 눈

보일듯
보이지 않는
눈부신 눈

눈을 맞으며

네 소년이
채소밭 얇은 얼음눈을
사각사각 밟으며
강아지처럼 산동네를 돈다

육각 결정체로
여섯 갈래 빛으로
세상을 연결하는 사랑이
대못처럼 박힌
선물이다

네 이웃을 네 몸과 같이 사랑하라

꽃다발처럼 화사하게
설빔처럼 단아하게
하늘 편지처럼 청아하게
조용히 내린다

얼가만인가
딱 맞는 털모자처럼
안가슴 편안한
화이트 크리스마스

주님 사랑합니다
주님 감사합니다
주님 찬양합니다

위대한 역설

죽으면 산다
낮추면 높아진다
주면 윤택해진다
맡기면 이루어진다
끝이 되면 으뜸이 된다
먼저 대접하면 크게 대접받는다
밀알 하나가 썩어지면 많은 열매가 탄생한다

한 알의 밀이 땅에 떨어져 죽지 아니하면 한 알 그대로 있고 죽으면 많은 열매를 맺느니라 자기 생명을 사랑하는 자는 잃어버릴 것이요 이 세상에서 자기 생명을 미워하는 자는 영생하도록 보존하리라

너희 중에 누구든지 크고자 하는 자는 너희를 섬기는 자가 되고 너희 중에 누구든지 으뜸이 되고자 하는 자는 너희 종이 되어야 하리라

무릇 자기를 높이는 자는 낮아지고 자기를 낮추는 자는 높아지리라

주라 그리하면 너희에게 줄 것이니 곧 후히 되어 누르고 흔들어 넘치도록 하여 너희에게 안겨주리라

무엇이든지 남에게 대접을 받고자 하는대로 너희도 남을 대접하라

구제를 좋아하는 자는 풍족하여질 것이요 남을 윤택하게 하는 자는 윤택하여지리라

너희는 먼저 그의 나라와 그의 의를 구하라 그리하면 이 모든 것을 너희에게 더하시리라

너희 염려를 다 주께 맡기라 이는 그가 너희를 돌보심이라

바로 당신

모두가 그리워하고
또 기다립니다

무언가를
봄의 해빙을, 가을 단풍의 수려함을
기다리는 사람들
마냥 기다리는 사람들

마당 귀퉁이
한 그루 작은 나무처럼

마침내 그날이 오고
전 존재가 새롭게 되어
거듭남을 경험하던 날

바로 당신
내 살을 찢고 내 핏속으로

깊숙히 들어오신 사랑
그 사랑을
그 사랑의 실체를

부들부들 떨며
기다리고 있었습니다

그 만남의 감격에
완고한 돌문짝이 열리고
등굴까지 환하고
나는 그저 부르심에 가만히 젖어 있었습니다

참회록

젊은 날. 중년에까지
거룩한 체 야망에 드리워진
인격 속
깊고도 길다란 어둠을 본다

여러 개의 터널이다
터널 하나에 체면
그리고 이어지는 터널에
명예욕, 탐심, 정욕, 분노의 쓴뿌리…
모두가 자아도취요 자아 숭배의 열매이다

예수 그리스도로 입술을 축이며
나에게 선한 것이 없음을 노래한다
의인은 없나니 하나도 없음을 깨달아 가는 것이 인생이
다

결국 빛은 하나

길도
진리도 하나
생명도 하나

예수 그리스도
그가 내 삶에 오신 것이
기적이고
혁명이고
변혁이다

아이야

너는 누구꼬?
너의 삶은 빛
많은 이가 쏟은
기도의 열매
사랑의 선물
헌신의 결정체

보혈의 샘에서
섭리의 강에 이르는
우유빛 은혜의 물줄기

이제 님이 다시 오는
계절의 문턱에서
부르심의 소망과
존재 이유를 명확하게 하려므나

대체 불가의 삶을 열망하고

인생의 기회 비용을 생각하라

꽃길이 아닌 꿈길을 가렴

오직 한 길
나의 영광이 아닌 님의 영광
내 행복이 아닌 남의 행복
그의 사랑으로 세상을 품는
사랑의 혁명을
꿈꾸려므나

빛과 소금으로
향기로
편지로
그의 나라와 의를 구하는
탐구의 인생길을 가려므나

4부

별빛 공동체

해밀리 인생 학교

횡성의 청태산 기슭
둔내 언덕에서
자라는 꿈

하나님의 사랑으로
세상을 품어라
Embrace the world by His love!

숨가쁘게 달려온 지난 날

세월의 무게가
기도의 길이가
사랑의 넓이가
헌신의 깊이가

하늘 가족을 빚어내고
꿈꾸는 둥지의 탄생의 기적을

가볍게 했다

밤송이처럼 오지고
알토란처럼 실하고
다이아몬드처럼 빛나는
아이들이 모이는 곳

그리고
지극히 작고 낮은 자들의 성지
험한 고난과 깊은 굴곡으로
어린아이같이
순수해진 어른들이 모여드는 곳

시은의 아침에
해밀리의 향긋한 가슴에
햇살처럼 파도처럼
첫사랑이 밀려온다

순수 자연이 의사
좋은 책이 스승
산 인물이 친구
산 역사가 교과서인 곳

맑은 샘의 기도가 속잎처럼 터지고
무엇보다
생수의 강이 흐르는
생명의 말씀이 스승인
꿈의 공동체

과거도 미래도 아닌
영원한 현재의 주역들이
매일매일
사랑 길과
열두 구비 꿈길을 가리라

잠언

게으르면 생겨나는
부스러기
호기심과
허영심이
적이다

달리면서
꽃피우는 양날개 엔진
비전과
사랑이
약이다

꿈틀거려야 피어난다
움직여야 깨어난다
걸어야 산다

깨어라

일어나라
가라

따뜻한
항구를 떠나야
기호의 신대륙이
열린다

꽃길이 아닌
꿈길을 달려라

콜로라도 대설

빛이 필요 없는 시간이
마음 언저리에 쌓이니
쌓이는 눈이
빛이 되어 세상을 밝힌다

눈물 머금은 눈가에도
쌓이는 눈이
고난의 정수리에서
삶을 눈부시게 하고

이렇듯 큰 땅에
마음껏 쏟아지는 눈
하얀 대낮에
대국에서 본
다함없는 대설이다

마음에 깊이 패인 웅덩이도

메주처럼 오래 묵힌 옛 삶의 흔적도
자취없이 사라지고

식혜처럼 상큼하게
새 삶의 표적과 경이가
온 세상을 덮어버린다

폭설은 멈춤 신호
내 뜻대로 살던
모든 삶에 종지부를 찍고
어린 아가의 미소로
돌아가는 방향 전환이다

온유함으로
모든 발걸음을 묶고
겸허함으로
모든 생각을 사로잡아

성결로 초대하는

내 인생 끝에 받은
고귀한 초대장이다

겨우내
콜로라도에서
만져지는 설경
견딜 수 없는 기쁨의 촉감이고
천상의 삶의 편린이다

사랑하는 이에게
그냥 돌아가고 싶은
이유 없는 이유

채워도 채울 수 없는
열망의 깊이를

차곡차곡
채으는 연습이다

그냥 은혜입니다
그냥 사랑입니다
그냥 감사합니다

참회

꿈쟁이들과
삶을 나누고
인생 여정을 함께 하는
꿈 여행을 한다

아이들과
캘리포니아를 돌며
믿음을 나눈다
그리곤 깊은 신뢰의 결핍에
참회를 한다

아리조나를 돌며
소망을 나눈다
그리곤 절대 긍정의 결핍에
참회를 한다

유타를 돌며

사탕을 나눈다
그리곤 친밀감의 결핍에
참회를 한다

아이들과
콜로라도에 거하며
미래를 나눈다
그리곤 바른 꿈의 결핍에
참회를 한다

캔자스를 다니며
밀담을 나눈다
그리곤 참 대화의 결핍에
참회를 한다

미주리를 다니며
노래를 부른다

그동안 환희의 결핍에
참회를 한다

겨울 여행이 어느새 봄의 향기로
가득차 있다

인생 내내
절대 진리를 붙잡고
절대 감사의 결핍에 참회를 한다

돌아가는 날

은빛 가루가 하늘을 뒤덮는다
은혜로다
진리로다
은혜와 진리가 충만하더라

사랑과 공의가 입맞춤을 하는 날
그분의 온전한 임재를 체험한다

꿈쟁이들이 드디어
좁은 문 좁은 길을 지나
뜨거운 사랑으로
어둠의 세상을 품다

길고도 먼 일정이
끝나고
밝고 곱고 어질게
둥그런 세계가

새롭게 열린다

돌아가는 날
콜로라도 산골짜기에
또 폭설이 온다

아직도 어색하고
낯선 아이들

그래도 푹 익은 사랑에
얼굴마다 꽃이 피고
마음마다 샘이 솟는다

감사로 환희로
기쁨으로 찬송으로
무지개 색 천상의 벅찬 감격으로
따뜻함이 전신을 휘감는다

별빛 공동체

꽃구름
청옥 하늘에
펼쳐진 광대한 그랜드 캐니언
창조의 신비와
준엄한 공의가 펼쳐지는
청아한 날

감청색 휘장에
알알이 박힌 은하 진주의 축제가
시간의 탄생을 알리는
자이온의 새벽

왕의 군대가
기치를 들고 위엄하게 서서
열병식을 벌이며
더 깊어지고 입체적으로
완성된 새 창조를 보여준 브라이스

같이 웃고
같이 경탄하며
같이 꿈꾸며

모든 차이를
역동적 사랑과
창조적 역발상으로
넉넉하게 품어버리는
꿈 통역자가 자라난다

서로 배려하고
서로 짐을 지며
서로 발을 씻기면서

서로를 넘어
세상을 확 품어버리는 아이들

연한 새싹이지만
강인한 생명을 가진
조용하면서 찬란하게
존재를 드러내는
별빛 공동체가 탄생한다

그 이름

잠시 잠깐
어둠을 허락하시고는
눈부신 날을 내려주시는
당신의 열정을 감당하기 어렵습니다

물방울처럼
소소한 갈망을 모아
찬란한 꿈으로 빚으시는
당신의 지혜에 경탄하며 감사합니다

겨울 눈밭에
번득이는 현혹적인 빛으로
모든 사람을 그토록 빛나게 하는
조건없는 사랑에 고맙습니다

당신이 부여하신
삶의 색채가 너무나 아름다워

정말 견디기 어렵습니다

당신의 이름이
향기름같이 부드럽고
참으로 아름다워 고맙습니다

"네 이름이 쏟은 향기름 같으므로 처녀들이 너를 사랑하는구나"
(아가 1:3)

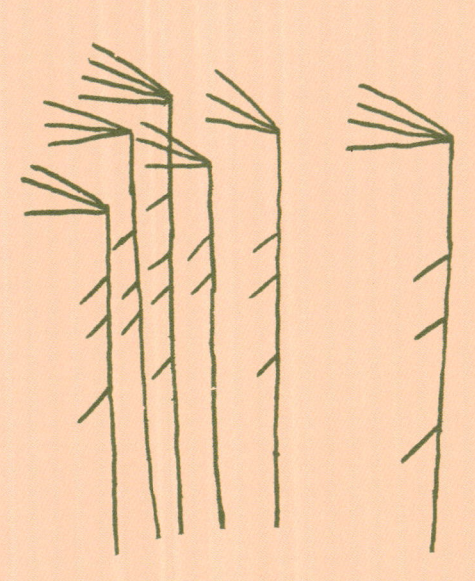

해설

시를 좋아하고 숲을 사랑하였다

최서진

1. 사랑의 왕국으로 가는 고백

황성주의 시집은 진리의 옷자락을 붙잡고 고요히 두 손을 모으는 찬란한 기도입니다. 기도의 자세를 지속시키는 것은 시간의 깊이 만큼 상실한 그리움에서 스며 나옵니다. 시인은 "나는 시를 좋아하고 숲을 좋아한다. 그러나 내가 가장 좋아하는 마음은 시를 내려놓고도 있고, 꽃에서 떨어져 앉을 줄도 아는 순간이다."(「시인의 말」) 라며 시와 꽃과의 거리를 유지할 수 있는 다정한 시간을 그려 줍니다.

시는 리듬 위에 세워진 언어적 질서입니다. 시의 리듬은 우리 안에 어떤 감정의 상태를 유발합니다. 그 감정은 '어떤 것'으로 돌출될 때만 비로소 평화로울 수 있습니다. 황성주의 리듬은 그 무언가를 향해 달려가고 있습니다. 시간은 우리 밖에 있지 않으며 달력이나 시곗바늘처럼 우리 눈앞을 지나가는 어떤 것도 아닙니다. 우리가 바로 시간이며, 지나가는 것은 시간이 아니라 우리 자신입니다. 우리는 모두 저 너머로 가는 시간을 그리워합니다. 시는 아픈 리듬도 있고 경쾌한 리듬도 있고 희열에 찬 리듬도 있는가 하면 슬픔에 찬 리듬도 있습니다. 시인은 사랑의 왕국을 향하여 맨발을 움직여 당신의 안부를 묻습니다.

눈의 고장에서
폭설의 기차가 하얗게 달린다
기관차의 화통에서도
눈보라가 흩날린다

여기저기
무게의 방정식을 풀지 못해
소나무의 신음소리까지 들린다

인생의 경륜이 피어
무지개 빛처럼 펼쳐지고

삶은 눈 속에서 파랗게 살아간다
모짜르트의 클라리넷 연주곡이
흐르는 날

현실은 묻히고
묵은 꿈과 옛사랑이
숨바꼭질하며
번갈아 얼굴을 내민다

모든 것이 숨어버린
이런 날은
진리의 옷자락이라도 붙잡고
정체성을 확인하고 싶은 충동이
수심 위로 솟는다

꿈속에서도 못 본 설경
보다 보다
이런 눈은 처음이다

—「대관령 폭설」전문

시인은 우주적 리듬을 이해하고 삶의 자세를 고요히 합

니다. 그 바탕어는 내밀한 고백에 해당하는 '폭설'이 존재합니다. 황성주의 시가 가지고 있는 진리의 근원은 시인의 말과 시적 교감으로 이미지화 됩니다. 시인이 "진리의 옷자락이라도 붙잡고,' 정체성을 확인하고 싶은 충동이/ 수심 위로" 솟습니다. 사는 일에서 비롯된 상처들이 흩날립니다. "소나무의 신음소리까지 들"리고, "묵은 꿈과 옛 사랑이/ 숨바꼭질하며/ 번갈아 얼굴을 내"밀 때 삶에 대한 통찰은 깊어집니다. 그의 시에서 폭설 속에 숨어버린 진리를 찾아가는 치열한 생명의 활동이 지속되고 있음을 알려 줍니다. "꿈속에서도 못본 설경"이라며 간절히 기다려온 기분으로 맞이하는 것만 같습니다. "이런 눈은 처음이다"라며 최대치의 감정을 폭발시킵니다. '대관령 폭설"은 지워지지 않고 지울 수도 없는 풍경으로 시인의 내면에 가장 깊숙이 새겨집니다.

    앗
    평생 처음 브는 현상
    바다 전체가 얼어붙어
    새로운 세계의 문을 연다

    크라코프에서
    헬싱키 가는 길

인류의 염원처럼
푸른 바다와 푸른 하늘이 섞이고
찬 빙하와 흰 구름이 얽혀 있다

꿈의 지평선을 향하여
비행기의 내려 앉는 속도만큼
기온도 급강하한다

빛나는 구름 속을 통과하니
칼바람 처음
뼈속 깊이 다가온
은빛 세상
거대한 설국이다

땅도
바다도
하늘도
얼어붙은 광대한 풍광에
하얗게 질린 공항도
이채롭다

발트해의 얼음을 깨는
쇄빙선의 흔적이
그분이 흘리신 보혈만큼
선명하다

핀란드 속을 거니는
겨울 동화
예쁜 엽서의 추억이
일품이다

이윽고 일렁이는
사랑의 왕국이
펼쳐진다

―「발트해 풍경」 전문

이 시는 사랑의 왕국을 동경하며 현실을 받아들이는 상황을 표현했습니다. "바다 전체가 얼어붙어" 있는 현실에서 시인의 상황을 유추해 봅니다. "거대한 설국"에서 "하얗게 질린 공항"도 보았습니다. 인간의 고통을 넘어서려는 안간힘입니다. "발트해의 얼음을 깨는/ 쇄빙선의 흔적이/ 그분이 흘리신 보혈만큼/ 선명"합니다. 그 진리를 찾아 보혈이 선명하게 펼쳐진 발트해 풍경이 마음에 오래 남습니다. "핀란드 속을 거니는/겨울 동화/ 예쁜 엽서의 추억이/ 일품"입니다. 별이 떨어지고 별이 떨어지는 일이 사소하지 않다고 말하기 위해 발트해 풍경은 모였다 헤어지면서 음악을 만드는 것입니다. 행간의 곳곳에서 쇄빙선의 흔적이, 얼음을 깨는 별들의 종소리가 들립니다. 이 시에서 만들어 내는 헤어짐의 풍경이 아련하고 저립니다.

네모난 세계로 눈이 내리는 이 집에서 주목할 화두는 '기도'입니다. 레비나스는 "감성은 향유의 방식"이라고 말했습니다. 감성으로 포착할 수 있는 기도에 대한 향유를 통해 은총의 파노라마를 확보합니다. 여기서 시적 화자는 "비같이 내리는 눈/ 폭포처럼 쏟아지는 은혜"라고 말합니다. '은혜'가 쏟아지는 곳이 인간의 삶에 중심이라고 할 수 있습니다.

　당신이 살아 있어서
　저의 존재가 눈부십니다

　당신이 치루신 처절한 댓가로
　저의 생명이 빛나고 찬란합니다

> 당신이 삶 전체로 온전한 진리를
> 보여주시니
> 저의 세계가 날개를 달고
> 창공으로 높이
> 날아갑니다
>
> ―「고백」전문

　시인은 고백합니다. "당신이 치루신 처절한 댓가로/ 저의 생명이 빛나고 찬란하다"라는 믿음을 강하게 고백합니다. "창공으로 높이 날아가는" 존재의 풍경이 아름답습니다. 이 모든 것을 아름다운 동행이라고 부르고 싶습니다. 시인은 "삶 전체로 온전한 진리를 보여주시"는 예수님을 응시하고 있습니다. 생명 있는 아픈 존재들을 사랑의 존재로 거듭나게 만들어 주시는 크고 부드러운 손. 그 부드러운 손이 있어 새들은 날개를 달고 창공으로 날아갑니다. 또한 큰 존재가 보내는 사랑으로 인간들은 서로를 일깨워 살아간다는 것을 깨닫게 합니다. 목숨이 허락되는 만큼 온 힘을 다해 창공으로 날아가는 새, 사라짐이 만드는 간절함이 모여 다른 시간을 불러오는 고백이 선명해집니다. 바람의 운율로 몸 안에 들어왔다 사라지는 꽃잎처럼 절망도 있지만, 찬란한 생명의 사랑을 잊어서는 절대로 안 될 것 같습니다.

2. 새벽녘에 일어나 옷깃을 여미고
　 꿈의 등불하나 켜겠습니다

언제부턴가
그녀는 온통 기쁨에 겨워
살았다

찬송만 나오면
예쁜 아가를 보면
덩실 덩실 춤을 췄다

때때로
취객을 보아도
고달픈 나그네를 만나도
부활의 춤을 췄다

금수강산에서도
세계 열방에서도
안가슴 가득한

님의 사랑을 끝없이 흘려보낸다

경이의 빛
경탄의 삶

삼십 년을 지켜보며
맑고 깊은 샘을 들여다보니
거울 같은 물빛에

사랑에 목마른 세상을
기도로 품고
천사로 온
그녀의 얼굴이 비친다

어느 겨울날
새벽녘에 일어나 옷깃을 여미고
한 영혼이 우주에 던진
하늘빛의
엄청난 반향을 응시하고 있다

— 「하늘빛」 전문

시인이 포착한 풍경이 우리 앞에 펼쳐집니다. 그로 인해 시인의 사유가 빚어낸 하늘빛 정서가 짙게 깔려 있습니다. 이 시에는 '하늘빛'을 헤아리고 있는 '부활의 춤'이 펼쳐집니다. 또한 "사랑에 목마른 세상을/ 기도로 품고/ 천사로 온/ 그녀의 얼굴이" 하늘에 비칩니다. 눈을 뜨듯 눈을 감듯 "님의 사랑을 끝없이 흘려 보"내는 마음의 건축물입니다. '경탄의 삶'라는 표현이 너무도 눈물겨워 보입니다. 빛에 닿고자 하는 마음이 하늘에 별자리를 만들어 낼 것입니다. "새벽녘에 일어나 옷깃을 여미고/ 한 영혼이 우주에 던진" 하늘을 봅니다. 보이지 않고 설명될 수 없는 것들이 더 진실에 가까울 때가 있습니다. 아름다운 사랑이 피어나는 하늘 들판에서 "한 영혼이 우주에 던진" 하늘빛을 오래도록 응시하고 있습니다.

사슴과 더불어 사는
우드랜드 파크의
시간이 빛난다

아침 햇살처럼
새롭게 다시 새롭게
마구 피어나는 야생화

소낙비를 머금고
쑥쑥 자라나
불길처럼
들판을 뒤덮는 들풀

아름답게 익어가는
자작나무
향 짙은 소나무
곧은 선비 같은 전나무

하얀 눈으로
세상을 덮고도
또 내리는
백설의 향연

짧은 시간의 문턱을 넘으니
시력이 회복되고
시각이 열리고
시야가 맑아진다

나의 봄 인생도
꽃의 향기로 사랑의 편지처럼 쓰여질 수 있을까

나의 여름 인생도
들풀의 푸르름으로 엄마처럼 세상을 품을 수 있을까

나의 가을 인생도
이렇듯
빛나고 아름답고 숭고할 수 있을까

나의 겨울 인생도
이처럼
맑고 청아하고 순결할 수 있을까
　　　　　　　　　　　―「콜로라도의 사계절」전문

　시는 어떻게 오는가, 이 시는 "사슴과 더불어 사는/ 우드랜드 파크의/ 시간"이라는 콜로라도의 세계로 우리를 초대합니다. '아침 햇살'과 '야생화'가 만나는 비밀스러운 일들이 일어납니다. "들판을 뒤덮는 들풀"이라는 문장에서 통증과 불안의 시간을 견디고 새로운 도약을 준비하는 자세를 엿볼 수 있습니다. 자기 변주의 고뇌의 결과로 "시력이 회복되고/

시각이 열리고/ 시야가 맑아"짐을 감지할 수 있습니다. 그리고 가슴 두근거리는 사랑은 미래를 향한 가능성으로 간주됩니다. "콜로라도의 사계절"처럼 살라는 신의 명령. 시인은 가까스로 희망을 되찾습니다. 봄과 여름과 가을과 겨울 인생도 모두 숭고하고 순결할 수 있다는 뜨거운 고백이 시작됩니다.

    물에 푹 잠기는 것이다
    다 내려놓는 것이다
    그냥 맡기는 것이다

    긍휼의 바다에
    뛰어드는 것이다

    내가 죽고
    그가 사는 것이다
    내 자리에
    앉아 다스리는 것이다

    사랑에 물드는 것이다
    진리에 물드는 것이다

은혜에 물드는 것이다

천천히든
빨리든
어렵든
쉽든

단풍처럼
옷감처럼
유행처럼

사랑 자체이신
그분에게 물드는 것이다
한 고결한 인격에 깊이 물드는 것이다
그 찬란한 생에 끝없이 물들어 가는 것이다

예수 그리스도
예수 그리스도
예수 그리스도

―「세례」 전문

삶과 시의 깊이는 어떻게 생겨나는지 묻고 싶습니다. "물에 푹 잠기는 것이다/ 다 내려놓는 것이다/ 그냥 맡기는 것이다"라는 말과 "긍휼의 바다에/ 뛰어드는 것이다"라는 말을 그저 바라보기로 합니다. 깊은 밤 시집에 귀를 갖다 대면 아득히 먼 사막의 길을 걸어가는 사람의 뒷모습이 보이는 듯, 한 심상이 두 눈에 스칩니다. "사랑의 자체이신/ 그분"을 따라가듯 행간을 따라가면 "한 고결한 인격에 물들은 것"처럼 조용하고 깊이 있는 진정성 가득한 사랑을 만납니다. "찬란한 생에 끝없이 물들어 가는 것"을 배웁니다. 사랑과 진리와 은혜에 물든 삶을 문득 만나면 이 불편한 세계와 화해하고 싶어집니다. 그렇게 간절한 두 손 가득 벼랑은 얼마나 아름다운지, 그 사이에서 인생의 진면목이 흘러나오는 시간을 봅니다.

3. 함박눈이 오는 것은
   모든 것을 다시 시작하라는 뜻이다

흰머리 위에
흰 눈이 내린다

횡성 안흥마을에
눈보라가 이니
하늘에서 온 일곱 아이가
적설량을 두고 흥정을 한다

그들은
경이에 찬 눈망울을 굴리며
한나절 만에
겨울 왕국으로 바뀌는
변화의 절정을 목도한다

꿈꾸듯
비탈길을 가며
바람결에 날리는 눈발을 만끽한다
하얀 세상
잠시 눈을 피한 예쁜 카페에서
하얀 세상을 본다

쌍화차의 잣과
안흥찐빵의 팥이
창밖의 눈과 조화를 이루며

따뜻한 풍미를 선사한다

그 맛보다 더 진한
보혈의 은혜가 실핏줄을 타고
뜨거운 사랑을 쏟아 붓는다

순식간에
죄의 그루터기를 없애고
소외의 강, 고독의 늪을 건너
어둠의 뿌리를 뽑아버리는
곱디고운 눈

쌓인 눈 위에
한 겹 한 겹 눈이 덧쌓이니
은혜 위에 은혜러라

함박눈이 오는 것은
모든 것을 다시 시작하라는 뜻이다

"너희의 죄가 주홍같을지라도 눈과 같이 희어질 것이요" (이사야 1:18)

―「하얀 서상」 전문

시인은 횡성 안흥마을에서 흰 눈을 만납니다. "겨울 왕국으로 바뀌는/ 변화의 절정을 목도" 합니다. "꿈꾸듯/ 비탈길을 가며/ 바람결에 날리는 눈발을 만끽" 합니다. 하얀 세상에서 자신의 골목을 따라 가고 있는 발자국들. "쌍화차의 잣과/ 안흥찐빵의 팥이/ 창밖의 눈과 조화를 이루며/ 따뜻한 풍미"를 만드는 세계입니다. 자신이 통과하는 곳이 어디인지 바라보는 산책입니다. 그러나 달콤한 찐빵의 맛보다 더 설레게 하는 '보혈의 은혜'를 찾아 갑니다. "함박눈이 오는 것은/ 모든 것을 다시 시작하라는 뜻이다"라는 전언은 계속 가야할 길이 있다는 낙관으로 들립니다. 시는 오로지 그 길 위에 있습니다.

횡성 둔내의 성탄절
시간의 끝에
흰 눈이 온다

흰 눈을 응시하는 눈
환대의 기쁨이 반짝인다

사랑이 내린다

눈물이 내린다
응답이, 하늘의 보석이 쏟아진다
오전 내내
산길을 따라
눈 풍년을 즐긴다
치열한 고뇌의 대기층을 뚫고

영혼의 질그릇에
사뿐이 내리는 눈

―「화이트 크리스마스」 부분

인간의 심층에는 상처로 가득한 시간이 존재합니다. 끊임없이 흩어지고 생성하는 상처의 고백이 아름다운 시를 만들어냅니다. 존재는 상처와 대면하기 위해 상처로부터 자유로워지기 위해 시 곁에 오래 머뭇거립니다. 시인은 투시하는 시선으로 본질을 보는 자. "흰 눈을 응시하는 눈/ 환대의 기쁨이 반짝인다"는 문장으로 흰 눈이 속절없이 내립니다. "치열한 고뇌의 대기층을 뚫고// 영혼의 질그릇에/ 사뿐이 내리는 눈"이 그리운 사람처럼 내립니다. 바닥에 떨어진 눈이 젖어 있는 까닭에 크리스마스를 즐길 수 없는 길 위입니다. 그늘이 짙은 골목 모퉁이 오래 남아 녹지 않는 눈이 있습니다. 떠나고 나서야 더 잘 들리는 새소리처럼 인간의 삶 속에서 가장 뜨겁고 아린 여운을 남기며 우리의 가슴으로 눈 내립니다. 우리의 삶은 모두 죽어갑니다. 죽음이 예정된 삶. 그러나 '죽음'이 있어 이 삶이 애틋하고 아름답다고 말할 수 있습니다. 떠날 것을 아는 삶, 이것이 시의 결이라고 써 봅니다.

모두가 그리워하고
또 기다립니다

무언가를
봄의 해빙을, 가을 단풍의 수려함을
기다리는 사람들
마냥 기다리는 사람들

마당 귀퉁이
한 그루 작은 나무처럼

마침내 날이 오고
전 존재가 새롭게 되어
거듭남을 경험하던 날

바로 당신
내 살을 찢고 내 핏속으로
깊숙이 들어오신 사랑
그 사랑을
그 사랑의 실체를

부들부들 떨며
기다리고 있었습니다

그 만남의 감격에
완고한 돌문짝이 열리고
동굴까지 환하고
나는 그저 부르심에 가만히 젖어 있었습니다
―「바로 당신」 전문

　내면의 순정한 고백들이 시의 지도를 그려냅니다. 시는 내면을 드라마틱하게 재현해 냅니다. 그의 발화 속에서 존재감과 정체성이 표현되며 새로운 화법을 만들어내는 점이 매력적입니다. 시를 통해 삶의 흔들림의 과정을 진실된 호흡으로 표현했기 때문입니다. 슬프고도 고통스러운 인간의 시간을 진정성 있는 사유와 감각을 통해 "내 살을 찢고 내 핏속으로 / 깊숙히 들어오신 사랑"을 느낄 수 있습니다. 그 만남의 감격에 우주가 환호하고 존재 진리에 접근하려는 시인의 갈망의 대상으로 형상화 되어 있습니다. 불안을 응시하고 이해하는 일, 그리고 온 몸으로 그것을 안아주는 일을 시인은 '사랑'이라고 말합니다. '바로 당신'이라고 말합니다. 언어가 공기와 물을 만나 풍경을 이루는 어떤 기도를 만납니다. 그렇게 시는 열리고 열립니다. 어두워지는 저녁에 시인은 물가에 다가가 자신의 얼굴을 비춰보고 있습니다. 깊은 시선이 심연의 어디쯤에 닿은 것일까요? 그는 이렇게 한 없이 궁금한 질문을 공중에 던집니다. 사랑의 상실을 노래하며 고요한 밤을 아침까지 데리고 올 지도 모릅니다. 온몸으로 조용히 전진하는 사유와 감각이 믿음직한 길을 만드는 아름다운 시를 오래 바라봅니다.

꽃구름
청옥 하늘에
펼쳐진 광대한 그랜드 캐니언
창조의 신비와
준엄한 공의가 펼쳐지는
청아한 날

감청색 휘장에
알알이 박힌 은하 진주의 축제가
시간의 탄생을 알리는
자이온의 새벽

왕의 군대가
기치를 들고 위엄하게 서서
열병식을 벌이며
더 깊어지고 입체적으로
완성된 새 창조를 보여준 브라이스

같이 웃고
같이 경탄하며
같이 꿈꾸며

모든 차이를
역동적 사랑과
창조적 역발상으로
넉넉하게 품어버리는
꿈 동역자가 자라난다

서로 배려하고
서로 짐을 지며
서로 발을 씻기면서

서로를 넘어
세상을 확 품어버리는 아이들

연한 새싹이지만
강인한 생명을 가진
조용하면서 찬란하게
존재를 드러내는
별빛 공동체가 탄생한다

—「별빛 공동체」전문

 시인은 별빛 공동체를 바라보고 있습니다. 별빛이라는 말과 공동체라는 말이 합해져서 빛나는 긍정성에 접근합니다. 꽃구름 같기도 하고 다정한 눈빛 같기도 한 "별빛 공동체가 탄생"합니다. "서로를 배려하고/ 서로 짐을 지며/ 서로 발을 씻기면서" "꿈 동역자가 자라"는 공동체. 안부와 사랑과 위로의 공동체를 가지게 될 것. 이 시집의 모든 시들이 증언하

듯, 사랑의 마음이 어두워지는 지구를 밝혀 줄 것입니다.

　황성주 시인은 미학적 낭만주의자입니다. 특유의 섬세한 감각으로 '사랑'이라는 테마를 시적으로 구현하는 시인이기 때문입니다. 이번 시집에서 역시 '나'와 '너'라는 관계성을 '인간'이라는 다층적 이름으로 그려냅니다. 인간의 체온이 가장 뜨거워 질수 있으며, 반대로 가장 차가워질 수 있는 그 미지의 영역으로서의 '사랑'에 관해서 말입니다.

황성주 시집
당신이 살아 있어서 저의 존재가 눈부십니다

초판 1쇄 발행 / 2024년 7월 31일

지은이 / 황성주
펴낸이 / 황학주
펴낸곳 / 발견
디자인 / (주)시아울
주소 / 강원특별자치도 횡성군 둔내면 우용로 97번길 44 해밀리 512동
전화 / 02-2278-4211
e-mail / balgyeonbook@naver.com

ⓒ 황성주 2024
ISBN : 978-89-6879-080-5 (03810)

● 잘못된 책은 구입한 서점에서 바꿔드립니다.
● 책값은 뒤표지에 있습니다.
● 이 책의 판권은 저자와 발견에 있습니다.
● 이 책 내용의 전부 또는 일부를 재사용하려면 반드시 지은이와 발견의 서면 동의를 받아야 합니다.